BENJAMIN GASTINEAU

Histoire de la souscription populaire à la médaille

# LA MÉDAILLE

## DE

# LA LIBERTÉ

Avec des Lettres de Flocon, Edgar Quinet, Victor Hugo,
Schœlcher, Louis Blanc,

## ET LA VIE D'ABRAHAM LINCOLN

PRIX : 50 CENTIMES.

PARIS,

LIBRAIRIE INTERNATIONALE

A. LACROIX, VERBOECKHOVEN & Cie, EDITEURS,

15, boulevart Montmartre.

A NANTES, CHEZ ANDRÉ, LIBRAIRE,

Quai de la Fosse, 1.

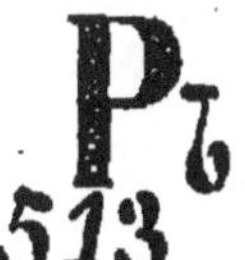

LA MEDAILLE DE LA LIBERTÉ

Nantes — Imprimerie du Commerce — Ev. Mangin.

BENJAMIN GASTINEAU.

Histoire de la souscription populaire à la médaille Lincoln.

# LA MÉDAILLE

## DE

# LA LIBERTÉ

Avec des Lettres de Flocon, Edgar Quinet, Victor Hugo,
Schœlcher, Louis Blanc,

## ET LA VIE D'ABRAHAM LINCOLN.

PRIX : 50 CENTIMES.

PARIS,
LIBRAIRIE INTERNATIONALE
A. LACROIX, VERBŒCKOVEN & Cie, EDITEURS,
15, boulevart Montmartre.
A NANTES, CHEZ ANDRÉ, LIBRAIRE,
Quai de la Fosse, 1.

1865

## AUX ÉTATS-UNIS.

————

A la fin du siècle dernier, les États-Unis et la
France ont mêlé leur sang sur le champ de bataille
de l'indépendance américaine. La démocratie française, fidèle à cette tradition fraternelle, a soutenu
de son influence la lutte du Nord contre le Sud, et
lorsque son vaillant chef, Abraham Lincoln, fut
tombé victime de son dévouement à la cause pu-
blique, elle organisa une souscription destinée à
offrir un gage de sympathie à sa digne veuve.

C'est l'historique de cette souscription que j'ai
fait ici, touchante manifestation partie du cœur de la
France, à laquelle ont contribué tous les rangs, toutes
les classes, tous les membres de la famille française :
hommes, femmes, enfants. J'y ai joint, comme son
complément naturel, le récit de la vie du plus grand
citoyen de la République américaine, Abraham

Lincoln, et j'ai rattaché le mouvement anti-esclavagiste de l'Amérique du Nord aux principes de notre grande Révolution.

Les nations sont sœurs et solidaires, comme les rois sont cousins. Tour à tour elles jettent le cri en avant! — *Go a head!* — en s'efforçant de se stimuler, de s'entraîner sur le chemin de la liberté. En 1651 et 1688, c'est l'Angleterre qui fait sa Révolution; en 1774, c'est l'Amérique; en 1789, 1892, 1830, 1848, c'est la France; puis l'Amérique reprend en 1860 l'œuvre révolutionnaire abandonnée momentanément par la France; elle jette le cri de l'abolition de l'esclavage, auquel répondent aussitôt les enthousiastes applaudissements de la démocratie française et la souscription Lincoln ouverte dans les bureaux du *Phare de la Loire* par mon ami et coreligionnaire Ch.-L. Chassin. Tour à tour, chaque nation travaillera ainsi à la trame de l'émancipation humaine, jusqu'à ce que l'œuvre de délivrance soit achevée, jusqu'à ce que chaque peuple puisse frapper sa médaille à l'effigie de la liberté!

B. GASTINEAU.

## I.

La première nouvelle de l'assassinat du président Lincoln était publiée le 26 avril par les journaux français. Dès le 28, l'auteur bien connu de l'excellent ouvrage le *Génie de la Révolution*, un nantais, Charles-Louis Chassin, adressa aux principaux journaux de Paris et au *Phare de la Loire* la lettre suivante :

« Monsieur le Rédacteur en chef,

» Il importe que la démocratie européenne offre à la démocratie américaine un solennel témoignage d'intime fraternité. Il importe que ce soit la démocratie française qui prenne l'initiative d'une manifestion populaire en l'honneur d'Abraham Lincoln , à l'appui des principes que ce grand honnête homme a représentés de son vivant et auxquels sa mort vient de donner la consécration suprême.

» Moins heureux que les Anglais, les Belges, les Suisses ou les Italiens, les démocrates français ne peuvent pas se réunir et délibérer publiquement sur les moyens de rendre à Lincoln et aux États-Unis un hommage digne d'eux......

» Mais ne serait-il pas très-facile d'ouvrir, dans tous les journaux attachés de près ou de loin à l'opinion démocratique, une SOUSCRIPTION A 10 CENTIMES, dont le but serait d'offrir à la veuve d'Abraham Lincoln une *médaille d'or* ?

» Sur l'épaisseur de la médaille ressortiraient ces trois mots :

LIBERTÉ. EGALITÉ. — FRATERNITÉ

» Sur la face serait gravé le profil de Lincoln avec cette simple mention :

A LINCOLN PRÉSIDENT DEUX FOIS ÉLU DES ÉTATS-UNIS
LA DÉMOCRATIE EUROPÉENNE RECONNAISSANTE

» Au revers on lirait cette inscription, encadrée dans une couronne de chêne :

LINCOLN L'HONNÊTE HOMME
ABOLIT L'ESCLAVAGE, RÉTABLIT L'UNION.
SAUVA LA RÉPUBLIQUE
SANS VOILER LA STATUE DE LA LIBERTÉ.
Il fut assassiné le 14 avril 1865.

» Si l'idée vous paraît bonne et pratique re-
cueillez-la et pro, agez-la.....

» Agréez, etc.

« Ch.-L. Chassin. »

Le *Phare de la Loire* inséra aussitôt
cette lettre (29 avril), et son rédacteur en
chef Victor Mangin ajouta :

« L'idée nous paraît bonne et pratique, nous
la recueillons et nous la propageons en engageant
nos confrères à se prononcer. »

Une semaine se passe. La *Gironde*, de
Bordeaux et le *Progrès*, de Lyon insèrent
seuls la lettre de M. Chassin, mais sans
répondre d'une manière positive à l'appel
du *Phare*. A Paris, les députés de l'opposition discutent une Adresse aux États-Unis,
puis une Note au Corps législatif, et laissent
au gouvernement le temps de se prononcer,
sans y avoir été invités par eux, contre l'attentat de Booth et en faveur des États du
Nord.

Cependant les promoteurs de la souscription populaire à 10 centimes avaient reçu de
Paris et de la province un grand nombre
d'adhésions individuelles. Ils avaient même
eu l'honneur d'être attaqués par divers or-

ganes de la réaction, notamment par le *Journal de Bordeaux*, dénonçant leur motion comme « une œuvre de parti. »

Le *Phare de la Loire* se décida donc à insérer en tête de son numéro du 5 mai la note suivante :

« Notre collaborateur, M. Ch.-L. Chassin a proposé l'ouverture d'une souscription populaire à 10 centimes, pour offrir une médaille d'or à la veuve d'Abraham Lincoln. La *Gironde* et le *Progrès*, de Lyon ont reproduit la lettre de M. Chassin ; les journaux de Paris ne l'ont pas même mentionnée. Nous avons attendu les adhésions de nos confrères pendant plusieurs jours. Au lieu de ces adhésions ce sont des souscriptions individuelles qui nous sont venues.

Tout en espérant encore que le concours des organes de l'opinion démocratique, avec lesquels nous sommes habitués à nous trouver en communauté d'idées, ne fera pas défaut à cette œuvre, nous prenons le parti d'en assumer sur nous seuls la responsabilité première. »

Et hardiment le journal de Nantes entamait, le 7 mai, la publication des noms des souscripteurs, en insérant chaque jour en tête des listes l'inscription proposée, à laquelle il n'avait été fait qu'un changement : *La démocratie* FRANÇAISE au lieu d'*Européenne*. Les manifestations solennelles, dont tous les peuples libres avaient donné le spectacle depuis une semaine ne permettaient plus à la démocratie française de prendre l'initiative, comme l'avait demandé le promoteur de la souscription populaire française.

Aussitôt lancée, cette souscription prit un caractère très net. Parmi les premiers souscripteurs on voyait se succéder les anciens représentants Ch. Kestner et Victor Chauffour, le beau-père et le beau-frère du colonel Charras; J. Michelet, Laurent Pichat, le docteur A. Guépin, Frédéric Morin, Ch. Dollfus, Barni, Victor Hugo, Ch. Hugo, F.V. Hugo, Edgar Quinet, Louis Blanc, Albert, Schœlcher, auxquels ne tardaient pas à venir s'ajouter les noms de presque tous les députés de l'opposition. Tandis que les diverses nuances du drapeau démocratique apparaissaient ainsi, le peuple, sans attendre le mot d'ordre des feuilles parisiennes, souscrivait avec enthousiasme dans les ateliers de Nantes, de Paris, de Mulhouse, de Thann, d'Amiens, de Bordeaux, de Marseille, etc., etc.

Le mouvement s'étant ainsi dessiné de lui même, il était impossible que les grands journaux ne s'en occupassent pas enfin.

La *Presse*, le 7 et le 8 mai en révèle l'existence à ses lecteurs. Le *Siècle* faisait

de même la O, et consentait à recevoir les
souscriptions qui lui seraient adressées,
non pour les publier, mais pour les trans-
mettre au *Phare de la Loire*. L'*Opinion*
suivait cet exemple le 17, le *Temps* un
peu plus tard. Mais la publicité, ainsi très
difficilement obtenue, était loin d'être suffi-
sante, et la circulation des listes se heurtait,
surtout dans les départements, contre deux
obstacles : l'apathie, la peur des populations
depuis 1851 déshabituées de l'action politique; la mauvaise volonté, sinon l'hostilité
déclarée des agents inférieurs de l'autorité.
A Chauvigny (Vienne), un propriétaire,
M. A Rigollet, se voyait l'objet d'une visite
domiciliaire et d'une saisie. Heureusement
M. A. Rigollet est de ceux qui ont le bon
esprit de crier quand on a violé leur droit.
Il écrivit au *Phare*, qui inséra sa lettre le
30 mai, protesta énergiquement contre l'a·
bus d'autorité dont son correspondant était
victime, et rappela les articles 116 et 184
du code pénal, et 479, 483 du code d'ins-
truction criminelle, applicables au double
fait d'invasion de domicile et de saisie sans
mandat judiciaire, dont s'étaient rendus
coupables le commissaire de police et le
brigadier de gendarmerie de Chauvigny.
L'incident, rapporté le 1er juin dans le

courrier du *Siècle*, reçut une publicité considérable dans la plupart des journaux d'opposition, légitimistes aussi bien qu'orléanistes, libéraux que démocratiques. Mis en demeure de s'expliquer, le gouvernement ne fit pas imprimer la circulaire adressée, assure-t-on, par le ministre de l'intérieur à tous les préfets, mais le 6 juin il inspira au *Constitutionnel*, sous la signature quasi-officielle de M. Boniface, une petite note ainsi conçue :

« Quelques journaux ont parlé d'une saisie opérée entre les mains de M. Rigollet, de Chauvigny (Vienne), à l'occasion d'une liste de souscription à la médaille en l'honneur de M. Lincoln.

» Cette saisie n'a été faite que par suite d'une application des réglements de colportage, qui exigent une autorisation préalable qui n'avait pas été demandée. Mais à la suite de cet incident, l'administration à donné des ordres pour que la souscription à la médaille de M. Lincoln ne rencontrât aucune entrave.

» Le gouvernement de l'empereur, dont les sentiments se sont manifestés d'une manière si éclatante à l'occasion de l'attentat commis sur le président des Etats-Unis, ne pouvait que laisser la liberté la plus entière à cette manifestation. »

Grâce à cette note, la manifestation propagée et soutenue sans le moindre danger,

aurait dû prendre un immense développe-
ment. Mais il était déjà trop tard pour que
les grands journaux de Paris y prêtassent
tout le concours de leur publicité. Le *Siècle*,
l'*Opinion*, la *Presse* continuaient à annoncer
de temps en temps la souscription, mais ils
n'inséraient pas les listes dans leurs colonnes.
Le *Temps*, bien qu'il eût souscrit pour sa
rédaction et ses employés comme la *Presse*
et le *Siècle*, reprenait son silence, et
l'*Avenir national* persistait dans son abs-
tention absolue, quoique les plus impor-
tants de ses collaborateurs, MM. Laurent
Pichat, Frédéric Morin, J. E. Horn et
Etienne Arago eussent envoyé leur adhésion
individuelle au *Phare de la Loire*. Si dès
le début, les journaux de Paris avaient cru
au succès de l'idée émise dans le journal
vraiment démocratique de Nantes, la souscription aurait déjà réuni 3 ou 400,000
souscriptions au moins, et elle pourrait
être close, tous ses résultats étant acquis.

Aidé uniquement par le *Journal de
Rouen*, qui a publié plusieurs centaines
de noms de la localité, le *Phare* poursuivit
son œuvre lentement, mais avec une persé-
vérance admirable et une habileté à la hau-
teur des principes qu'il représente. Comme
les autres feuilles, il avait ses colonnes

remplies par les débats du Corps législatif. Il a néanmoins trouvé la place de 16,000 souscripteurs. Il en a, à l'heure qu'il est, recueilli au moins 40,000 et par les promesses qui lui sont faites de toutes parts, il peut compter sur un minimun de 50,000 et un maximun de 100,000.

Devant ce chiffre, l'Amérique, jugeant de la situation actuelle de la France, devra s'estimer satisfaite d'avoir reçu de la démocratie de notre pays un témoignage éclatant de fraternité digne d'elle.

En effet, la souscription pour la médaille Lincoln témoigne une fois de plus de la puissance de l'initiative individuelle. Si notre ami Ch. L. Chassin n'avait pas écrit sa lettre du 28 avril, l'Amérique n'aurait reçu de la France que des témoignages de sympathie officiels et des témoignages de sympathie *isolés*, et beaucoup au-dessous de ceux qu'elle a reçus des autres nations européennes.

Ceux qui, en apportant leurs 10 centimes ont contresigné les inscriptions proposées, ont affirmé que la démocratie française se trouve en conformité de principes avec la ré-publique des Etats-Unis d'Amérique; qu'elle applaudit au rétablissement de l'Union débarrassée de l'esclavage, c'est-à-dire au tri-

angle de l'unité nationale assise sur l'auto-
nomie des groupes, la liberté de l'indi-
vidu et le droit politique.

Cette première manifestation populaire
si imposante, entreprise en dépit de tant
d'obstacles, a une très haute signification.
Elle constate qu'aux Etats-Unis correspon-
dent les démocraties unies, et que le jour
n'est pas éloigné où, réunissant l'Europe
et l'Amérique sur le terrain commun de la
liberté et du droit, *ces démocraties solidaires formeront les Etats-Unis des deux
mondes !*

## II.

Il a été formé à Paris un Comité, représentant d'une manière aussi exacte que possible et dans les limites fixées par la loi (20 membres), les 30,000 premiers souscripteurs réunis pour glorifier le héros de la démocratie américaine, pour affirmer les principes dout ce grand honnête homme a été le martyr. Le Comité signera la lettre d'envoi, rédigée en commun, et choisira parmi ses membres habitant Paris, une sous-commission, chargée de faire rentrer les listes en circulation, d'arrêter la clôture de la souscription, de régler les comptes, de veiller à l'emploi des fonds et à la bonne exécution de la médaille, qui doit être offerte à M$^{me}$ veuve Lincoln.

Voici les noms des membres du Comité :

**Albert**, ancien membre du gouvernement provisoire.

**Arago** (Et.), ancien représentant du peuple (Pyr. Orient.).

**Blanc** (Louis), ancien membre du gouvernement provisoire.

**Chassin** (Ch. L.), publiciste.

**Chauffour-Kestner** (Victor), ancien représentant, (Bas-Rhin).

**Delord** (Taxile), rédacteur du *Siècle*.

**Despois** (Eug.), professeur libre.

**Flocon** (Ferdinand), ancien ministre de la République.

**Greppo**, ancien représentant du peuple (Rhône).

**Hugo** (Victor), ancien représentant du peuple (Seine).

**Joigneaux** (Pierre), ancien représentant, (Côte-d'Or).

**Kneip** (Louis), président de la Commission française de l'Exposition universelle de Londres.

**Laurent-Pichat** (L.), homme de lettres.

**Littré**, membre de l'Institut.

**Mangin** (Victor), rédacteur en chef du *Phare de la Loire*.

**Michelet** (J.), membre de l'Institut.

**Pelletan** (Eugène), député de la Seine.

**Quinet** (Edgar), ancien représentant du peuple (Oise).

**Schœlcher** (Victor , ancien sous-secrétaire d'Etat au minis ère de la Marine, ancien représentant de la Guadeloupe et la Martinique.

**Thomas** (Ch.), ancien rédacteur du *National.*

Tous les honorables membres dont on vient de lire les noms, répondirent avec empressement à la proposition qui leur fut adressée de faire partie du Comité. Nous détachons du dossier des lettres celles de Ferdinand Flocon, de Schœlcher, de Louis Blanc, de Victor Hugo et d'Edgar Quinet.

*A MM. Mangin et Chassin.*

« Lausanne, 14 juillet 1865.

» Chers citoyens,

» A mon retour d'un voyage d'études dans la République d'Appenzel et de Glarus, je trouve ici votre lettre du 1er juillet. Excusez le retard involontaire de ma réponse.

» J'accepte de grand cœur votre proposition et je m'en trouve fort honoré. Je serai heureux en toute occasion de pouvoir témoigner des sentiments d'admiration et de profonde sympathie que m'inspire le héros-martyr des principes démocratiques. Usez donc de mon nom selon que cela vous paraîtra utile, et recevez, avec mes remerciements bien sincères,

» Mon salut fraternel,

» FERDINAND FLOCON »

« Londres, 3 juillet 1865.

» A MM. Ch. L. Chassin et Victor Mangin.

» Chers citoyens,

» J'accepte avec empressement et reconnaissance la place que vous m'offrez parmi des hommes qui sont de ceux que j'aime et que j'estime le plus. En toute occasion, j'aurais été heureux et fier de voir mon nom à côté des leurs. Jugez si ce sentiment est moins vif chez moi dès qu'il s'agit du légitime hommage que la démocratie française va rendre au martyr de la démocratie américaine !

» Salut fraternel,

» LOUIS BLANC. »

» Londres, 3 juillet 1865.

» Citoyens Mangin et Chassin.

» J'accepte de tout mon cœur de faire partie du Comité représentant les 30,000 premiers souscripteurs à la médaille destinée à glorifier le martyr de l'abolition de l'esclavage en Amérique.

» Recevez, je vous prie, mes remerciements pour avoir pensé à me mettre dans la noble compagnie dont vous me citez les noms.

» Salut et fraternité,

» V. SCHŒLCHER. »

*A. M Chassin.*

« Bruxelles, 11 juillet 1865.

» Mon cher citoyen, votre lettre à Guernesey ne m'est point arrivée, mais l'expression de votre honorable désir me parvient à Bruxelles, où je suis encore pour une semaine ou deux. Je serai charmé de voir mon nom parmi les noms chers et respectés dont vous m'envoyez la liste. Votre belle pensée d'une médaille à Lincoln ne pouvait mieux se compliquer que par cet envoi à la veuve au nom de la démocratie française et de la République universelle.

. » Recevez mon plus cordial serrement de main.

» VICTOR HUGO. »

En envoyant sa souscription au *Phare de la Loire*, Edgar Quinet adressa à ses rédacteurs la lettre suivante :

» Veuillez m'associer à la noble initiative prise par le *Phare de la Loire*. Partout où est un ami fidèle de la liberté, il porte le deuil de Lincoln, mais dans ce deuil, que d'espérances pour le monde ! Lincoln en mourant a vu la victoire de ses principes ; il a vu la grandeur et l'avenir assurés du peuple en qui il avait mis sa foi. Qui n'achèterait à ce prix une pareille mort ?

« E. QUINET. »

Genève, 14 mai 1865.

La souscription à 10 centimes reste ouverte dans les bureaux du *Phare de la Loire* ; elle ne sera probablement close qu'à la fin de l'année, de telle sorte que suivant l'idée des promoteurs de cette manifestation populaire, la médaille puisse être offerte à M^me veuve Lincoln, le 14 avril 1866, anniversaire de la mort du héros américain.

# III.



Dans ce siècle fertile en immoralités, un homme politique qui est seulement honnête devient un grand homme. Mais le président de la République américaine, frappé le 14 avril 1865 par la main criminelle d'un frénétique et d'un insensé, avait su conquérir l'affection des citoyens des États-Unis autant par son intelligence élevée que par son honnêteté devenue proverbiale, et qui à juste titre a fait accoler son nom au nom glorieux de Washington, le fondateur de la République américaine. Le récit de la vie de *l'honnête vieux Abe* (abréviation d'Abraham), comme le peuple se plaisait à l'appeler familièrement, fera comprendre à nos lecteurs l'enthousiasme de la population des États du Nord pour leur président.

Aux États-Unis, la division des fonctions n'existe pas comme en Europe. Un homme ne se cantonne pas dans une spécialité ; il peut être tour à tour épicier, charpentier, maître d'école, avocat, et tout aussi considéré en exerçant une profession manuelle qu'une profession libérale. Ce sont là des moules excellents pour faire des démocrates, pour engendrer des citoyens qui apprennent ainsi à aimer le travail, quelque forme qu'il revête, à ne jouer dans la société que le rôle utile et laborieux. Il n'y a pas de place pour les aristocraties oisives aux États-Unis.

Abraham Lincoln avait traversé les phases par lesquelles passent presque tous les citoyens de l'Amérique. Né en février 1809 dans une petite ferme du Kentucky que dirigeait son père, Abraham fut d'abord bûcheron. Ses parents ayant quitté le Kentucky pour s'établir dans l'Indiana, il dut, comme l'aîné d'une nombreuse famille, se livrer aux travaux manuels, manier la pioche et la cognée. On le voit tour à tour gardeur de troupeaux, employé dans une scierie, conducteur de trains, enfin manœuvre sur les bateaux du Wabash et du Mississipi.

A vingt ans il émigre dans l'Illinois et devient laboureur. Il laisse quelque temps la charrue pour prendre part, en qualité de volontaire, à une expédition contre la tribu indienne des *Faucons noirs*.

Abraham Lincoln, absorbé par de rudes travaux, n'avait pu s'instruire, quoiqu'il eût employé ses rares heures de loisir à la lecture. Mais, étant devenu commis dans un magasin d'épicerie, il acheta des livres, étudia sérieusement, et se fit maître d'école. Nous le retrouvons dans une étude d'avocat. La profession d'avocat lui ouvrit la carrière politique. Son jugement sûr, sa droiture, son caractère intègre lui valurent, avec l'estime générale de ses concitoyens, sa nomination comme membre de l'assemblée législative de l'Illinois.

De 1847 à 1849, Lincoln siéga au congrès fédéral. Après avoir disputé avec un grand éclat le siége de sénateur à M. Stephen Douglas, l'ancien chef du parti démocrate aux États-Unis, la Convention républicaine et abolitionniste du Nord l'adopta pour son candidat à la présidence en 1860. Abraham Lincoln fut élu à une forte majorité ; c'était le premier candidat abolitionniste, c'est-à-dire ennemi déclaré de l'horrible institution de l'esclavage des nègres, qui arrivait au pouvoir aux États-Unis.

Les États du Sud de l'Amérique, voyant la prépondérance politique leur échapper et leurs intérêts matériels menacés par l'abolition certaine de l'esclavage, commirent le crime d'en appeler à la force contre la décision de la majorité du peuple américain. Malgré une lutte acharnée, malgré les talents supérieurs et le génie guerrier d'un général honnête homme comme Lee, le Sud fut battu, et à cette heure il ne peut trouver son salut et la cicatrisation de ses plaies que dans le sein de l'Union.

Cette solennelle réconciliation de frères ennemis aurait été aplanie et rendue facile par la haute sagesse et la bienveillance de l'ancien président, comme son dernier discours en faisait foi.

En effet, Grant avait tendu une main généreuse à

Lee, des conditions honorables de reddition avaient été acceptées par le vaincu, les débris de l'armée de la Virginie se dirigaient paisiblement vers leurs anciens foyers; les soldats sudistes allaient redevenir citoyens des États-Unis ! Heureux d'une telle issue de cette guerre fratricide, l'excellent Lincoln adressait un touchant appel à la concorde, en disant : « Faisons tout ce qui est nécessaire pour rétablir les rapports légitimes entre les États en sécession et l'Union, et chacun pourra ensuite se féliciter innocemment d'avoir fait rentrer ces États dans l'Union, si tel est son système, ou de les avoir simplement aidés à s'y maintenir, s'il croit qu'ils n'en sont jamais sortis. »

Eh bien ! c'est au moment où ce président magnanime, deux fois élu par le peuple américain, venait de manifester de tels sentiments d'humanité et de générosité qu'il était frappé à mort et tombait victime d'une infâme machination.

Le 14 avril, le président Lincoln, entouré de sa femme et de quelques personnes invitées, écoutait avec intérêt une comédie jouée au théâtre de Washington lorsqu'il fut renversé dans sa loge par un coup de pistolet tiré à bout portant. L'assassin s'écria : *Sic semper tyrannis !* — Citation absurde et impie appliquée à Lincoln. De la loge il sauta sur la scène et disparut dans les coulisses du théâtre. Le meurtrier Vilkes Booth, acteur de profession, connaissait l'intérieur du théâtre de Ford et avait eu la précaution satanique de faire la répétition de son crime pendant la journée; c'est ainsi qu'il réussit à s'échapper au milieu de la stupéfaction générole En même temps d'autres crimes se commettaient au domicile de M. Seward, frappé de coups de poignard, ainsi que deux de ses fils, dont l'un est mort de ses blessures.

Trois semaines après ce crime épouvantable, le *Courrier-des-États-Unis* annonçait la mort de Booth et l'arrestation de ses complices

Crimes monstrueux, inutiles, funeste au Sud, qu'on ne peut cependant, en bonne justice, rendre responsable d'actes individuels.

À la mort d'un tyran éclatent la joie et les chants de délivrance ; mais lorsqu'un homme de bien disparait, le deuil est universel.

Dès que la nouvelle de l'assassinat du président Lincoln fut connue en Amérique et en Europe, il n'y eut qu'une voix et qu'un cœur pour regretter l'homme vraiment grand et vraiment bon qui, pendant cinq années, avait présidé aux jours agités des États désunis. Tous les parlements, sans en excepter le corps législatif français, exprimèrent hautement la douleur et l'indignation ressenties dans le monde entier à la nouvelle de l'assassinat de Lincoln. A New-York, à Washington, les maisons furent tendues de noir. Jamais roi ne fut regretté et pleuré, comme ce citoyen libre, chef d'un peuple libre. En Allemagne, en Italie, et principalement en France et en Angleterre d'éloquentes adresses furent envoyées aux ministres plénipotentiaires des États-Unis. A Paris, les étudiants délégués des écoles, la plupart des journaux, à Londres, Louis Blanc, au nom de l'exil, les sociétés ouvrières, les citoyens réunis en meetings payèrent à la mémoire du président intégre, Lincoln, leur tribut de reconnaissance et d'admiration. La démocratie européenne porta le deuil de la démocratie américaine.

L'unanimité des regrets et des adresses atteste qu'Abraham Lincoln était considéré avec raison comme l'homme qui pouvait mener à bonne fin la destruction de l'esclavage et reconstituer sur de nouvelles et larges bases la République américaine. Inflexible dans les principes, il avait le tempérament, la sagesse, l'expérience, que nécessitent les applications politiques. La disparition de l'institution de l'esclavage aux États-Unis ruine, il faut l'avouer, des milliers de familles, mais au prix de la ruine matérielle, ce n'est pas encore payer trop cher la grandeur morale que donne une situation conforme à la justice. L'intérêt ne doit jamais être en désaccord avec le droit. Dans les États du Sud, un nègre ne pouvait jamais être un citoyen ; un esclave n'était qu'une marchandise, comme à Rome l'esclave n'était qu'un instrument, qu'une *chose* La République des États-Unis devait tôt ou tard s'élever contre cette anomalie. Fondée sur les principes démocratiques, il fallait qu'elle en réalisât toutes les conséquences. La liberté est d'ailleurs de tous les climats, de tous les pays, de l'Europe comme de l'Amérique ; elle convient à toutes les races, — blanches, brunes, rouges ou cuivrées, — et ravit le cœur des sauvages et des nègres aussi bien qu'elle plaît aux civilisés et aux blancs !

Que les États confédérés de l'Amérique écoutent donc les voix généreuses de la nature et de la raison, qu'ils se résignent avec bonne grâce à l'abolition de l'esclavage, qu'ils effacent de leurs mœurs ce scandale, cette honte, cet asservissement, cette pauvreté et cette faiblesse, dans uu pays où se marient si heureusement la richesse et la liberté. La France ne leur a-t-elle pas donné l'exemple ? N'a-t-elle pas, par un décret du gouvernement provisoire de 1848, déclaré qu'il n'y aurait plus d'esclavage dans toute l'étendue de ses colonies. Quels dangers a-t-elle courus ? Aucun. Cette admirable mesure n'a pas rencontré un obstacle. L'émancipation des nègres et des esclaves des colonies françaises, l'Algérie comprise, s'est faite sans inconvénient ; les émancipés ont béni la France, et l'humanité l'a remerciée.

Les Etats du Sud doivent suivre un si noble exemple ; vaincus, il ne peuvent d'ailleurs résister plus longtemps à la majorité de leurs concitoyens qui ont décrété l'abolition de l'esclavage, à la voix de l'Europe si formellement exprimée, au vœu de l'humanité qui doit rayer de son code ce mot horrible *esclavage*, pour le remplacemer par un autre qui rayonne et vivifie, par le mot *liberté !*

Le sacrifice de ses priviléges sera plus facile et plus fructueux au Sud qu'il ne le croit encore à cette heure. Avant le 4 août 1789, la noblesse de France ne pensait pas non plus qu'elle cesserait jamais d'être une caste privilégiée, et cependant elle eut l'héroïsme chevaleresque de sacrifier ses droits féodaux, d'abdiquer ses priviléges sur l'autel de la patrie.

C'est toujours à notre grande Révolution qu'il faut recourir lorsqu'on veut savoir comment un peuple doit se rendre libre et porter en même temps la liberté autour de lui. Il est à regretter, à ce point de vue, qu'on n'ait pas dit un mot de la Révolution française dans les adresses remises aux ministres plénipotentiaires des Etats-Unis.

Que les Américains passent sous silence la Révolution dans leurs proclamations, dans leurs manifestes, cela peut s'expliquer et se comprendre jusqu'à un certain point ; beaucoup d'entre eux n'ont pas lu la première page de cette grande histoire ; mais nous autres Français, nous sommes tenus à plus de mémoire et à moins d'ingratitude.

La Révolution française, dans une situation plus critique que celle de l'Amérique, car elle eut à lutter contre l'Europe coalisée et contre la Vendée, se défendit vaillamment et brillamment, défit toutes les armées qu'on lui opposa, et retrouva au milieu de l'effroyable tourmente qui fit crouler trônes, esclavages et priviléges, les titres perdus du genre humain. Elle délivra l'homme de sa Bastille intellectuelle, morale et physique ; elle l'affranchit du christianisme pour le rendre tout entier au gouvernement de sa raison ; de la monarchie pour lui donner les droits du citoyen, de la servitude économique pour en finir avec sa misère matérielle. Ce n'est pas la Révolution française qui aurait jamais été l'alliée de la Russie ; ce n'est pas elle qui aurait consacré cette doctrine égoïste et américaine de Monroë par laquelle un peuple se détache de tous les autres peuples. Pour elle, l'Océan n'était qu'un mince filet d'eau, une nation qu'une petite partie de l'humanité. Se tenant dans le domaine des idées générales, sur les hauteurs où le sentiment du droit universel porte la pensée, notre Révolution a créé le citoyen libre sur la terre libre, qu'il soit blanc, jaune ou noir, Européen, Africain ou Américain. Elle a fait passer dans sa sainte formule *liberté, égalité, fraternité*, dans sa déclaration des droits de l'homme et du citoyen, le souffle créateur de la justice et de la vérité.

Ce n'est donc pas au-delà de l'Océan, ainsi que l'affirment quelques adresses, qu'il faut jeter les yeux pour contempler l'idéal vers lequel tout homme et toute nation doivent graviter, c'est vers cette Assemblée nationale et vers cette sublime Convention, qui de 89 à 94 ont pris Paris pour leur mont Sinaï et ont stipulé pour tous les membres de l'humanité soumis aux mêmes besoins, aux mêmes droits, aux mêmes devoirs, aux mêmes lois ! On sent que ces premiers pionniers de la Révolution française avaient une grande supériorité morale sur les nations carthaginoises ou saxonnes qui, connaissant l'esprit humain et reniant les grands côtés de leur destinée, se parquent dans un égoïsme national, dans des préoccupations exclusivement mercantiles, en un mot, subordonnent l'élément supérieur à l'élément inférieur, et penchées sur elles-mêmes, ne songent nullement au règne universel du droit sur la terre.

Les Etats-Unis sont libres et victorieux. Les émigrants de l'Europe qui leur ont permis de renouveler leurs armées décimées en surchargeant leur budget, et l'esprit invincible de la Révolution française, ont combattu avec eux contre le Sud, défendant avec un héroïsme stérile la cause condamnée de l'esclavage noir. Ce n'est pas d'aujourd'hui que les Français tendent la main et donnent le coup d'épaule à l'Amérique. A la fin du siècle dernier, Voltaire ne saluait-il pas le patriarche de l'indépendance américaine, l'illustre Franklin, par ces mots restés dans toutes les mémoires : « Dieu et la liberté ! » A la première nouvelle du soulèvement de la colonie anglaise, Lafayette et un grand nombre de français ne volaient-ils pas au secours des Américains ? Sans les guerres de la Révolution et de l'Empire, pense-t-on que la colonie américaine eût réussi à secouer le joug de l'Angleterre, à s'affranchir complètement de la mère-patrie devenue pour elle une marâtre ?

Mais ce ne sont pas des services matériels que nous cherchons à rappeler au Nouveau Monde, c'est la grande tradition, c'est le sublime *Credo* de la Révolution française qui semble oublié ou systématiquement écarté. La Révolution française a été et est encore l'idéal des peuples, car elle a émancipé l'esprit humain, brisé les fers des esclaves blancs et noirs, et créé la seule religion politique de ce monde, celle qui relie tous les membres de la grande famille humaine sous les faisceaux de la justice et de la liberté !

# IV.

UN DERNIER MOT.

Il y aura bientôt dix-neuf siècles, un galiléen, rompant avec les traditions aristocratiques, le cœur débordant de l'amour de l'humanité, criait à ses frères les pauvres : « Aimez-vous ! soutenez-vous ! soyez fraternels ! Voilà toute la loi et les prophètes »; paroles sublimes répétées par Saint-Jean. Lorsqu'on parle d'un Congrès de souverains pour terminer les différends politiques en litige, nous sera-t-il permis de dire aux démocraties Américaine et Européenne, à ces tronçons d'Hercule qui se cherchent d'un hémisphère à l'autre pour constituer un corps complet et solide : « Aimez-vous ! unissez-vous ! organisez-vous ! Associez vos idées, vos sentiments, vos forces, et vous atteindrez votre but ; la délivrance universelle du genre humain encore emmailloté dans les langes de la misère et de l'oppression.» Voilà toute la science politique ! C'est aussi simple que cela. Bien vouloir et marcher de concert vers le but désiré, vers le Nouveau Monde de la liberté, de l'égalité, de la fraternité, qui doit marier les intérêts politiques et commerciaux de deux hémisphères, rapprocher toutes les mains et réunir tous les cœurs gonflés aujourd'hui de haine et de désespoir.